TRADITIONS

RÉPUBLICAINES

DE

LA FRANCE

MARSEILLE

Typ. et Lith. Cayer & Cᵒ, rue Saint-Ferréol, 57.

L.-P. MASSIP

TRADITIONS
RÉPUBLICAINES

DE

LA FRANCE

Fiat Libertas !

Il importe de répéter à tous les partisans des droits, qui reposent sur le passé, que c'est la Liberté qui est ancienne et le despotisme qui est moderne.

Mme de STAEL.

Les archives des peuples ne sont point anéanties, non sans doute ! mais c'est dans la raison et non ailleurs qu'en est le véritable dépôt, le seul qui puisse être inviolable.... nos droits sont en nous-mêmes et ils y sont tous, ils y sont imprescriptibles.

L'abbé SIEYES.

PARIS

ARMAND LE CHEVALIER, LIBRAIRE-ÉDITEUR

61, rue de Richelieu, 61

—

1872

AU LECTEUR,

Les quelques pages qui composent le présent écrit doivent servir d'introduction à un ouvrage dont ci-contre le plan et les divisions sommaires, et qui paraîtra probablement en janvier 1872 sous ce même titre.

« Si donc ce que je publie actuellement en ces « quelques pages vous paraît trop court, je serai « bien aise que ce que j'ai écrit vous fasse souhaiter « que j'eusse été plus long; et si cela, au contraire, « vous paraît trop long, vous devrez vous en prendre « à la matière même de l'ouvrage. »

De Marseille, décembre 1871.

PLAN

ET

DIVISIONS SOMMAIRES

NOS PRINCIPES & NOS LOIS

—

Ire PARTIE

Esprit, caractère et tendances de la période démocratique du présent.

IIe PARTIE

Esprit, caractère et tendances de la période théocratique du passé.

LIVRE Ier. — L'Eglise
LIVRE II. — La Monarchie.

IIIe PARTIE

Esprit, caractère et tendances de la République.

LIVRE Ier. — Principes fondamentaux et Lois essentielles.
LIVRE II. — Organes et fonctions administratives.

IV• PARTIE

La République et le Suffrage universel.

V• PARTIE

La Guerre suivant la conception révolutionnaire.

—

APPENDICE

Théorie de l'Individualisme républicain.

BUT & OBJET DE L'OUVRAGE

Il faut, que du fait de l'*Individualité humaine*, comme du gland d'où sort le chêne et toutes ses branches, sorte, sous la forme *républicaine*, la société et tout son organisme.

* * *

NOS PRINCIPES & NOS LOIS

Il y a dans le mouvement général de la civilisation, dans la marche universelle de l'humanité, une tendance générique et normale, une sorte d'irradiation naturelle et immanente, qu'on ne peut en quelque sorte que *concevoir*, mais qui n'en existe pas moins effectivement, et qui représente, pour ainsi dire, sur le *plan écliptique* de l'esprit humain, la projection perpendiculaire et normale de *ce que serait* la direction naturelle et effective de la civilisation et de l'humanité, si l'esprit humain, le moteur et le régulateur suprême de cette tendance, n'était incidemment faussé dans son cours naturel ou incidemment détourné de sa perpendicularité par les aberrations de l'*ignorance* ou les entraves de la *force*.

De cette projection normale qui a sa source dans la conscience individuelle, découlent plusieurs *appendices* de même nature qu'elle et qui correspondent chacun respectivement à des ordres de faits particuliers par lesquels se manifeste à son tour aussi la puissance normale et multiple de la vie *mentale* ou *physique* de l'individu et de la société.

Dans l'ordre mental ou intellectuel, cette puissance normale est la *vérité;* dans l'ordre physique et économique, c'est la *justice*.

Tels sont, pour ainsi dire, les deux *pôles* entre lesquels, sur l'*axe* de la liberté, oscillent de toute éternité l'homme et l'humanité, l'*individu* et l'*espèce*.

Le *progrès* peut donc, dans cet orbite ainsi déterminé, se mesurer exactement à chaque âge et au sein de chaque peuple, soit par la déviation ou les divergences plus ou moins grandes, soit par les rapprochements ou les convergences plus ou moins intimes, que chaque peuple aura, par rapport à sa projection normale et perpendiculaire, éprouvés ou effectués à chaque âge par le fait de la prépondérance en son sein de telle institution ou de tel gouvernement à qui sera échu le règlement et la direction de la vie sociale pendant cette période.

Il y a donc ainsi incontestablement des *institutions* et des *gouvernements* qui, suivant qu'ils auront fait subir telle ou telle déviation ou telle convergence, tel ou tel mouvement dans un sens ou dans l'autre, pourront sûrement être taxés comme favorables ou défavorables au *progrès* et dès lors infailliblement classés comme *organes propulseurs* ou comme *organes rétroacteurs* de la civilisation, surtout si l'effet desdites institutions ou desdits gouvernements se retrouve toujours le même soit pendant de longues et nombreuses périodes, soit chez un grand nombre de peuples, en un mot, sur une *échelle de proportion* aussi grande que variée, soit dans le temps, soit dans l'espace observés.

Ces institutions et ces gouvernements agissant ainsi comme causes inéluctables, soit par leur principe, soit par leurs applications, il doit y avoir aussi une série d'effets et de phénomènes, qui nous révèle, au sein de la civilisation et du progrès, l'action en *bien* ou en *mal*, favorable ou défavorable, qu'ils ont sur la marche de l'esprit humain et sur le développement de l'individu et de la société.

Ces effets et ces phénomènes qui sont comme les conditions nécessaires et fatales et les principes essentiels et génériques sans lesquels l'individu ni la société ne peuvent vivre, sont :

La liberté et la sécurité, l'intelligence et la force, la puissance et la fortune, l'ordre et la vérité, la justice et la liberté, la famille et la propriété.

Soit à l'état *rudimentaire*, soit à l'état *organique*, on les trouve sous toutes les latitudes et chez tous les peuples : ce sont les éléments constitutifs et génériques et les conditions nécessaires et universelles, les *principes* et les *lois* générales de l'état individuel comme de l'état social, de tout ordre politique, comme de tout ordre économique.

Donc, tout ce qui, dans une somme de temps et d'espace donnés, augmente la liberté et la sécurité, la puissance et la fortune, l'intelligence et la force de la *personnalité* humaine individuelle et sociale ;

Et plus particulièrement pour la *société*, tout ce qui, dès lors, assure à chacun et à tous une somme de plus en plus grande et de plus en plus intense (et coûte d'autant moins en *impôts*) d'ordre et de vérité, de justice et de liberté dans la famille et la propriété, favorise le progrès, active la marche de la civilisation et tend infailliblement au développement de l'humanité et au perfectionnement de l'esprit humain ; comme, d'ailleurs, tout ce qui agit en sens contraire des tendances que nous venons d'indiquer, entrave le progrès, ralentit la marche de la civilisation et fausse le développement de l'humanité autant que le perfectionnement de l'esprit humain.

Voilà le critère général et synthétique dans ses proportions les plus grandes et les plus larges; voilà la loi universelle et scientifique du PROGRÈS dans toute son étendue.

Eh bien ! si cette *loi* est vraie, si elle est juste, si elle est souveraine pour le *bien* comme pour le *mal*, il faut que, même réduite à sa plus simple expression et ramenée à son terme extrême, elle nous fournisse la même certitude expérimentale, la même précision mathématique et, en quelque sorte même, un degré d'évidence d'autant plus lumineux et plus intense, que, ramenée au fait particulier par le fait général, elle se trouve ainsi par celui-là même, éclairée de toutes les lumières de celui-ci.

En d'autres termes, si l'humanité ou la société sont en progrès ou en retard, suivant que les conditions vitales ci-dessus mentionnées se trouvent augmentées ou diminuées, favorisées ou contrariées dans la collectivité et l'ensemble des êtres qui la composent, il faut que chaque individu se trouve aussi lui-même dans un état de progrès ou de recul proportionnel à celui de la collectivité dont il fait partie. Car il en est des lumières de l'esprit humain comme des lumières du soleil: leur irradiation est à la fois irrésistible et universelle et elles agissent également sur un et sur des millions d'êtres.

Donc, chaque individu pourra expérimenter lui-même et par sa propre raison, se tâter, en quelque sorte, s'ausculter dans chacune de ses facultés mentales ou physiques, pour savoir si telle ou telle institution, si tel ou tel gouvernement est ou non favorable aux conditions nécessaires aux principes essentiels de la vie individuelle ou sociale, et dès lors, s'il doit personnellement le soutenir ou le combattre, lui prêter son appui ou son concours, et en un mot, puisque c'est par le suffrage universel que

s'exprime la volonté individuelle ou générale, lui accorder ou lui refuser son *vote*.

Ainsi, il en est de la *raison* de l'homme,
qui mesure les espaces infinis de l'univers
aussi exactement que les espaces limités
qu'il foule sous ses pieds, comme du *mètre*
dont chacun de nous se sert pour mesurer
à la fois les plus grandes et les plus petites
distances.

La raison individuelle a donc tous les
caractères de la certitude scientifique et
pratique qu'exige tout instrument d'inves-
tigation; et comme le champ de l'investi-
gation sociale ne renferme que des phénomènes dont l'homme seul est à la fois le
sujet et l'objet, il s'ensuit encore que la
raison est là absolument et pleinement com-
pétente; car, cette certitude, expérimentée
dans l'infiniment grand, est aussi vérifiée
par lui dans l'infiniment petit et récipro-
quement.

Il nous sera donc facile, à notre tour, en
suivant la marche de la civilisation dans
les limites et l'étendue de notre grande et

glorieuse patrie, de déterminer quelles sont les institutions civiles ou religieuses, dynastiques ou électives, qui en ont accéléré ou retardé le mouvement, et dès lors. de connaître celles que nous devons enfin, condamner ou absoudre pour délivrer à jamais la France de leurs entraves et de leurs obstacles, en nous maintenant invariablement et inexpugnablement nous-mêmes dans la voie et les traditions de la justice et de la vérité par la République, que la France a acclamée une troisième fois et que nous défendrons par la science et par les faits.

Resserrer en un cadre assez étroit notre sujet, pour qu'il pût d'un seul coup d'œil être tout entier embrassé par l'esprit même le moins habitué aux généralisations et aux synthèses de la science, et rendre ce cadre lui-même assez lumineux pour que tous les détails saisis en même temps se prêtent ainsi un mutuel appui et s'éclairent respectivement les uns les autres, sans se mêler ni se confondre entre eux : telles sont les fins que nous nous sommes proposé dans les quelques pages qui vont suivre, avant même d'aborder encore le fond du sujet.

Tel aussi était le but à atteindre pour dresser avec avantage et profit un tableau où le régime des castes religieuses et civiles et les gouvernements dynastiques de droit divin, sous l'oppression desquels la France a gémi pendant douze à quinze cents ans, pussent utilement et fructueusement être comparés, surtout par ceux à qui le temps manque pour s'instruire, au tableau des institutions républicaines et du régime électif, d'où la France a toujours été violemment détournée et systématiquement éloignée par l'égoïsme et l'ambition des castes et des dynasties, autant que par la complicité et la sainte alliance du trône et de l'autel, sous le régime théocratique.

Il fallait trouver le centre de gravitation politique : (*La République*), autour duquel la France a tour-à-tour oscillé pendant des siècles et montrer, surtout en les notant et les jugeant, les diverses déviations (*féodalité, commune, monarchie, militarisme, théocratie, démocratie*, etc., etc.) qu'a ainsi subies le développement individuel et social de la nationalité (*personnalité*) française. Et si la démocratie, déraillant depuis bien des années sous des mains inhabiles ou perfides, a perdu ses bagages et ses titres, il nous faut enfin la remettre sur son axe et lui refaire son lest en lui assignant dans les annales de la France à la fois ses origines et ses sources, son principe et ses lois.

. Il était nécessaire alors de faire revivre le passé dans ses parties essentielles et constitutives, dans ses grandes lignes, dans les événements où se résument à la fois tout l'esprit d'une institution ou le caractère d'une période de cet âge théocratique; et du sein de ce passé providentiel, s'affaissant quand même tour-à-tour malgré ses prétendus triomphes, sous l'évolution successive et fatale, sous la pression naturelle et humaine de la civilisation et de la science tour-à-tour victorieuses et prépondérantes dans chacune des branches de l'activité et de l'intelligence humaines, individuelles ou sociales.

Il était nécessaire, disons-nous, de dégager de leurs gangues féodales et théocratiques les principes essentiels et génériques de la vie civile et économique et formuler les lois générales du progrès social, concourant elles-mêmes à la formation et à la constitution, à l'indépendance et à la consécration, d'un côté, de la *personnalité* humaine dans et par la *Justice*, et de l'autre, de la *nationalité* française, dans et par la *République*.

Tels étaient les points essentiels à mettre en relief pour prouver invinciblement et contradictoirement la supériorité virtuelle et générique de la civilisation *démocratique* sur la civilisation *théocratique*, de l'*ordre social* sur l'ordre *dynastique*, de l'*humanité* sur la *religion*, de l'œuvre des *hommes* sur l'œuvre des *dieux*.

C'était, en quelque sorte, à tracer le pa-

rallélisme des deux tendances de la *civilisation*, disons mieux, de la *vie* même en
France : se développant, l'une, sous l'influence officielle et orthodoxe du trône et
de l'autel, dans les limbes de la prière et de
la religion, dans le mysticisme de l'extase
et de l'oisiveté, par l'anéantissement de la
famille et de la propriété et l'absorption en
quelques mains privilégiées de la fortune
et de l'intelligence du pays; et l'autre, sous
l'inspiration libre et critique de la justice
et de la liberté, du travail et de la science,
de la conscience et de la raison, par le développement de la famille et de la propriété et la diffusion aux mains de tous de
la fortune et de l'intelligence du pays.

Il fallait donc rester à la fois assez concis
et assez clair sans être incomplet ni trascen-
dant, assez étendu et assez varié sans être
ni diffus ni prolixe, pour, dans cette immense évolution de dix-huit siècles, essayer
de tout dire et de tout mettre en relief, afin
que chacun pût équitablement et invinciblement faire soi-même alors la part irré-

missible de la vérité et celle irrémissible aussi de l'erreur.

Et de la sorte, absoudre enfin les *révolutions*, qui seules nous ont fait toucher à la *Terre-Promise*, des crimes et des forfaits, des malheurs et des désastres, dont sont coupables ceux-là seuls qui n'ont jusqu'à ce jour, pour en éloigner l'humanité, jamais reculé devant aucune extermination, devant aucune hécatombe, devant aucune exaction, devant aucune iniquité (1)!

(1) Sont responsables des forfaits et des crimes d'une révolution, quelle qu'elle soit, non pas ceux qui l'accomplissent, mais ceux qui la provoquent ; aussi n'y a-t-il aucune exagération à dire que l'histoire de toutes les législations (économiques ou politiques, religieuses ou civiles, industrielles ou commerciales) offre toutes les combinaisons imaginables pour entraver et fausser l'essor *naturel* de la liberté individuelle et sociale, et que ce n'est qu'aux révolutions et aux hérésies, à la *contrebande* alors, que la liberté doit de n'avoir pas été étouffée sous les systèmes de l'orthodoxie et de l'intervention gouvernementales.

Ce que M. Blanqui affirme du commerce, qui a été et est certainement, osons le dire, un des agents civilisateurs les plus puissants de l'humanité, peut par-

Toute nouvelle découverte, toute nouvelle opinion scientifique ou philosophique, a toujours ainsi été jugée par les rapports occasionnels ou transitoires qu'elle pouvait avoir avec les intérêts particuliers et exclusifs du moment, au lieu de l'être au point de vue des rapports essentiels et généraux que la part de vérité, que renfermaient lesdites opinions ou lesdites découvertes, pouvait avoir et a même toujours eue avec la vérité universelle, puisque ce n'est, en effet, que par les révolutions successives et partielles de la science et de l'histoire, que la *vérité* et la *justice* ont pu effective-

faitement s'appliquer à toutes les branches de l'activité humaine, qui *toutes* ont été ou sont encore faussées par tous les gouvernements.

« C'est à la *contrebande* que le commerce doit de « n'avoir pas péri sous l'influence du régime prohi- « bitif ; tandis que ce régime condamnait les peuples à « s'approvisionner aux sources les plus éloignées, la « contrebande rapprochait les distances, abaissait les « prix et neutralisait l'action funeste des monopoles. »

BLANQUI, *Histoire de l'Économie politique en Europe*, Paris, 1860, t. II, p. 23.

ment s'établir au sein de l'humanité et améliorer le sort commun.

Il fallait, dans le jugement et l'analyse, dans l'examen et la critique des doctrines et des faits, des systèmes ou des théories, dans l'étude des phénomènes politiques ou économiques du passé ou du présent, qui se produisent sous nos yeux ou que nous avions à faire revivre, se placer désormais, nous surtout *républicains*, au point de vue naturel et scientifique, au point de vue *humain*, rationnel et expérimental, au point de vue de la *révolution* enfin et du *progrès;* s'y maintenir envers et contre tout, et non pas au point de vue de la *révélation* et de la *chute*, du messianisme et des prophéties, comme on le fait toujours si inconsidérément dans notre camp même, par pusillanimité autant que par défaillance peut-être !

C'est que nous avons, en effet, à opérer dans l'orientation de l'esprit humain, nous hommes du XIX° siècle (et il en est temps ou jamais!) au point de vue de la vie sociale de l'humanité, un mouvement analogue à celui que l'esprit humain accomplit aux XVe et XVIe siècles, quand, par les efforts et les découvertes des Képpler et des Newton, des Galilée et des Christophe Colomb, des Luther et des Descartes, le dogmatisme religieux et biblique de la théorie *géocentrique* et de la *volition* arbitraire et occasionnelle d'une intelligence surnaturelle ou providentielle, sur lequel oscillaient, depuis trois mille ans et plus, le monde et la pensée humaine ; quand, dis-je, ce dogmatisme fit place à la *révélation* scientifique et expérimentale de la théorie *héliocentrique* et des *lois* universelles et immuables de la nature, suivant lesquelles furent désormais étudiées et réglées l'évolution et la génération de la vie humaine.

Par le fait, en quelque sorte, de ce changement de front dans la marche de l'humanité, par ce simple déplacement de l'axe de l'esprit humain et du foyer du mouvement et de la vie au sein de l'univers, foyer, axe et front reportés tout à la fois de la *terre* au *soleil*, tout l'édifice religieux, monarchique, économique, politique, juridique et moral, scientifique même du passé, s'il ne croula pas du coup, en fut du moins tellement ébranlé, qu'il ne put plus se soutenir par lui-même et de lui-même. Ne pouvant plus vivre de ses seules forces, il dut chercher, dès lors, des appuis externes : or, un pouvoir, quel qu'il soit, mais surtout un pouvoir de *droit divin*, religion ou monarchie, église ou dynastie, qui prétend avoir ses origines et ses sources, ses causes et ses raisons d'être, ses racines dans le ciel et ne procéder que de Dieu, et qui pour vivre est obligé de faire constamment appel à la force matérielle et de se placer sous la protection des hommes, de ceux même qui le condamnent, est un pouvoir effondré. Sa disparition n'est plus qu'une question d'horloge.

Il arriva alors à cette grande et majestueuse époque, si bien nommée : la *Renais-*

sance (1), pour la *vie mentale* de l'humanité et pour la science, ce qui lui arriverait pour sa *vie physique*, si par une cause subite quelconque, l'inclinaison de l'axe de ro-

(1) Deux mille ans environ auparavant, les découvertes maritimes des Phéniciens et des Grecs, et l'expédition macédonienne avaient ainsi ruiné les prodiges et les créations fantastiques ou légendaires sur lesquelles s'appuyaient la théogonie et la mythologie de l'Olympe. La *raison* et l'*expérience* avaient de même remplacé, dans le cours et l'entente des choses de la vie humaine individuelle ou sociale de l'antiquité, l'imagination et la foi ; les déductions de la science, les hallucinations de la religion.

Eh bien, peut-on nier le progrès et le développement de l'esprit humain, l'accroissement effectif et pratique de la somme d'ordre, de vérité, de justice et de bien-être, quand on se place ainsi en face de ces grandes périodes de la vie des peuples et qu'on les compare entre elles au sein de l'humanité ?

Et dans cette immense évolution générale de la civilisation, quelle place secondaire et contingente, au lieu d'essentielle et immuable, qu'on lui assigne d'habitude, n'occupe pas non seulement telle ou telle religion, mais l'élément religieux et moral lui-même par rapport à l'immanence et l'universalité de l'élément intellectuel et scientifique de l'esprit humain comme agent civilisateur !

tation de la terre sur le plan de l'orbite qu'elle décrit autour du soleil, venait à être changée.

Eh bien, chez nous, en France, par le fait de la révolution de 1789, l'inclinaison de l'axe de l'esprit humain sur le plan de l'orbite que la France décrit au sein de l'humanité, a été changée en effet.

C'est donc désormais dans cette nouvelle situation climatérique, en quelque sorte, c'est dans ce nouveau milieu physiologique et économique, c'est de ce nouveau point de vue, c'est sous ce nouvel *angle* que nous devons aujourd'hui désormais tout voir, tout juger et tout analyser, tout observer et tout scruter, et dans cette seule tendance que nous devons agir en toutes choses, si nous voulons progresser et fonder quelque chose de durable et de vrai. Là seulement est notre nouveau centre de gravité.

Et ce nouveau point de vue, ce nouveau *criterium*, le seul vrai, le seul certain, le seul irréductible, le seul immuable, parce qu'il procède de la justice et de la liberté, de l'expérience et de l'analyse, est le seul aussi auquel tout dans la vie individuelle ou sociale doive être désormais rapporté et comparé pour calculer et apprécier exactement au sein de notre route et de notre œuvre immense les déviations et les réfractions du *midi-vrai* au *midi-apparent*, de ce qui *doit* être à ce qui *est* réellement, du *fait* au *droit*, du *possible* au *réel*.

Et telle est la cause interne et externe de nos oscillations et de nos fluctuations incessantes à droite ou à gauche, en avant ou en arrière, en haut ou en bas, de nos retours précipités vers un passé qui se meurt ou de nos fougueux élans vers un avenir qui toujours nous échappe : c'est que, pas plus dans la science que dans les faits, dans la vie sociale que dans la vie individuelle, dans la politique que dans la morale, dans la famille que dans la patrie, nous n'avons encore pris la conscience vraie, exacte et précise du mouvement à jamais irrésistible et du déplacement dé-

sormais immuable, que la révolution française a imprimés à la fois à l'homme et à la
société, à l'intelligence et aux faits, à la vie
interne et à la vie externe. Au sein de nos
tourmentes sociales, nous n'avons jamais
su déterminer notre *point* de navigation, la
justice, pas plus que nous replacer sur
notre *axe :* la liberté.

Il est pourtant absolument nécessaire,
pour sortir enfin de ces fluctuations incessantes, de ce règne de l'équivoque et des
compromis, où toutes nos forces se débili-
tent et s'émoussent, de se placer résolûment et fermement enfin sur ce *terrain* et
sous ce nouvel *angle,* et de se maintenir in-
flexiblement sur ce point et dans cet axe
pour juger et voir sous leur vrai jour tous
les phénomènes religieux ou politiques,
intellectuels ou physiques, sociaux ou économiques, nationaux ou internationaux,
qui forment le train ordinaire de notre vie.
De cette manière, nous imprimerons à la
démocratie et à la France, la force de cohé-

sion et d'unité qui leur manque et le mouvement progressif uniforme et constant par lesquels seuls la république peut vaincre et briser, au besoin, toutes les résistances occultes ou manifestes, mentales ou organiques, administratives ou extra-administratives, qui peuvent lui être opposées ou suscitées par la théocratie et le passé, soit au dehors, soit au dedans (1).

(1) Pour n'avoir rien à détruire, messieurs les *théocrates*, il faudrait que *nos* législateurs n'eussent rien fait de mal, ou tout au moins, veux-je dire, rien de contraire à la liberté individuelle ou sociale. Or, tout jusqu'à nos jours a été fait pour la combattre ou l'entraver, pour l'annihiler ou la fausser, tout, dans l'économie comme dans la littérature, dans la religion comme dans la science, dans l'industrie comme dans le commerce.

Comment donc alors sortir des liens de cette sainte orthodoxie qui nous étouffent, comment les briser sans *révolutionner*, puisque vous ne voulez pas les délier, puisque vous vous déclarez infaillibles en politique comme en religion, pour la *vieille ferraille* (on sait que la ferraille et les médicaments sont ou étaient prohibés en France), comme pour les vieux *canons*... de l'Église.. à tel point même, que si nous sommes affligés de la *goutte*, il nous sera permis (avec un passeport tou-

Mais pour cela il faut que les *démocrates* soient aussi fortement nourris et saturés de la science (1) de la révolution, que les *théocrates* le sont eux-mêmes de la foi à la révélation. Il faut reporter pour l'avenir sur la république toute notre foi patriotique par le culte de la justice et laisser au passé sur la théocratie, toute sa foi providentielle par le fétichisme des dynasties. Il faut, en un mot, *croire* à l'inviolabilité et à la puissance de la *personnalité humaine* par le développement et la manifestation sociales de la propriété et de la famille sous

tefois) d'aller nous-mêmes nous faire guérir à la Martinique, mais nous ne pourrons, de par M. *Prohibant*, avoir un simple flacon de cet élixir anti-goutteux chez nous... sous peine d'amende !!

M. Thiers n'en a sans doute jamais souffert.... de la goutte ; sans cela, il eût libéralement octroyé à son pays ce dont il aurait pu avoir besoin lui-même !

(1) Et cette science existe toute ordonnancée dans l'immense complexité de l'âge révélateur par excellence qui nous a précédés, dans le XVIII° siècle ; elle existe, mais jusqu'à présent on nous en a sevrés, et l'on s'étonne que la France, privée de cette immense force propulsive, s'arrête, tombe..... et meure !

l'action incessante du travail librement consenti, librement pratiqué et de l'intelligence librement cultivée , librement appliquée.

Il faut rompre enfin résolûment avec tout *surnaturalisme* et toute orthodoxie religieuse ou politique, scientifique et littéraire, avec toute tradition dynastique ou de castes, avec tout gouvernement providentiel ; et dès lors, immuablement et fondamentalement appuyés sur le fait à jamais irréductible de la *personnalité humaine* et sur le principe incontesté aujourd'hui de l'*inviolabilité* de ladite personnalité, dans chacune de ses manifestations intellectuelles . ou physiques de la famille et de la propriété, du travail et de l'intelligence, *principe* et *fait* qui sont pour nous, républicains, la base et la source essentielle et générique du DROIT, nous poser hardiment et résolûment (*in medias res*) au point de vue *naturel* et *humain* de la justice et de la liberté, de la science et de la raison, pour dégager et formuler la loi et les tendances de l'organisme et du mouvement social et économique, philosophique et politique de la vie et des aspirations de l'homme et de la société, de l'individu et de l'Etat au sein de la république.

Ce n'est en effet que dans le principe de l'*individualisme*, c'est-à-dire dans le développement infini au sein de *la liberté sociale*, de la puissance individuelle intellectuelle ou physique de l'homme, que la France trouvera la source de sa régénération et de sa grandeur, de sa fortune et de sa force, et d'une vie nouvelle.

Ainsi, en nous conformant désormais individuellement et socialement à ce qu'on appelle *la loi du Christ*, et qui est avant tout la *loi physiologique* universelle de l'humanité, de « *ne pas faire aux autres ce que nous* « *ne voulons pas que les autres nous fassent,* » chacun ne devant plus dès lors compter que sur soi et sur son propre travail, on voit combien non seulement la dignité et la moralité, mais encore la fortune et la richesse, *la valeur* en un mot de la *personna-lité* humaine s'accroît et peut arriver à des proportions incommensurables surtout par *l'association.*

Et cette loi naturelle du développement et de l'accroissement infini de la puissance et de la fortune de la personnalité humaine au sein de la société, renferme génériquement en elle-même les principes constitutifs et rudimentaires de toute organisation et de tout mouvement, de toute vie économique et politique, intellectuelle ou physique, nationale et internationale même de toute société.

Car, du jour où chacun socialement libre, travaille et produit indéfiniment suivant ses facultés et ses moyens, on arrive ainsi *fatalement* à la détermination de la VALEUR (1) respective à la fois des *instruments* ou des *produits* de toutes sortes, intellectuels ou physiques, sous la seule pression des besoins individuels et sociaux qui se manifestent

(1) Chaque homme se forge sa propre fortune. *Fabrum suæ quemque esse fortunæ.* Vico.

eux-mêmes par les relations de l'échange, absolument du reste comme les liquides s'équilibrent d'eux-mêmes sous la loi de la pesanteur dans les divers vases qui les contiennent, *lorsque toutefois* rien ne s'oppose à leur libre communication, à leur libre échange. Cette loi est aussi vraie pour les phénomènes *économiques* de la société que pour les phénomènes *physiques* de l'univers.

N'est-ce pas en effet de ce principe de l'inviolabilité de la personnalité humaine et de la consécration sociale de la liberté individuelle, que découlent la force et la grandeur, la puissance et la richesse toujours croissantes de l'Angleterre, des États-Unis et de la Suisse, des nations les plus libres en un mot?

Et de plus, ajouterons-nous, en généralisant la question pour en faire en quelque sorte le *théorème* des principes et des lois que nous aurons à développer dans le cours de l'ouvrage, nous dirons :

Le but suprême et les fins dernières de la loi (des tribunaux) ne se réduisent-ils pas, en dernière analyse, à faire incessamment respecter le principe du *tien* et du *mien* et à faire rentrer chaque citoyeu dans la sphère respective de sa puissance individuelle sous la liberté sociale ?

Eh bien ! puisque la justice est *censée* accomplie et n'est même *effectivement* accomplie par les pouvoirs sociaux, que lorsque le principe de l'intérêt individuel infirmé a été satisfait et de nouveau reconnu et consacré au profit de l'un quelconque des citoyens lésés, n'est-il pas de toute évidence que *l'intérêt individuel* (1) doit être regardé et accepté comme la seule base et la seule origine, le seul principe et la seule source de tous droits sociaux, de tout ordre civil et politique, de toute *société* en un mot, puisque ce n'est jamais pour ainsi dire que les dommages ou les déviations que ledit

---

(1) Ce que l'homme appelle la *pratique de ses devoirs*, n'a été, n'est et ne sera jamais, de quel nom que son orgueil ou sa faiblesse l'affublent ou le déguisent, que la *recherche de ses intérêts* ou de ce qu'il a cru, de ce qu'il croit ou de ce qu'il croira être ses intérêts

intérêt individuel éprouve, a pu éprouver ou est censé avoir éprouvés dans les relations sociales, que la loi recherche ; et jamais même que la réintégration effective de la personnalité humaine dans la plénitude de sa puissance ou de sa fortune intellectuelles ou physiques, matérielles ou morales, que poursuit *la loi* dans la revendication de la justice par les tribunaux.

Eh bien! l'emploi de la force serait-il ainsi universellement et naturellement accepté et subi, demandé même, et la violence alors serait-elle légitimée et acclamée comme suprême recours pour chacun et pour tous, si le but poursuivi, si l'objet recherché au nom de *tous* et pour *un*, n'était pas le principe même, la base et la règle suprêmes de la vie individuelle comme de la vie sociale, de la vie particulière comme de la vie générale de chacun et de tous, dans ce que chacun, individu ou état, famille ou nation a de plus essentiel et de plus intime, de plus profond et de plus sacré ?

En faut-il davantage pour prouver pé-

remptoirement et invinciblement que la
base sur laquelle nous asseyons l'ordre social, la société (*la personnalité humaine*) et
le *principe*, d'où nous déduisons notre
théorie républicaine (*l'inviolabilité de ladite
personnalité*), sont les seuls vrais, les seuls
réels, les seuls effectifs, les seuls imma-
nents, les seuls universels, les seuls immuables, les seuls irréductibles, et dès lors, les
seuls indestructibles, puisque cette base et
ce principe gisent dans l'homme même, ce
monument impérissable de la création.

La grandeur et la force d'un peuple, sa
vitalité , réside donc et ne réside même
que dans l'inviolabilité de la personnalité
humaine au sein de ce peuple : aussi, sus-
pendre l'exercice et la manifestation de la
liberté individuelle au sein d'un peuple,
c'est tarir ou affaiblir les sources même de
la vie et de la puissance de ce peuple, c'est
un homicide anticipé.

Telle est l'œuvre que nous avons tentée;
elle est aussi substantielle et forte, que

concise et lumineuse, aussi vraie et simple dans ses vues qu'effective et pratique dans ses fins; c'est du moins ce que nous avons voulu.

Si de Maistre, ce coryphée du droit divin et de la théocratie, a pu se dire, dans un élan plus catholique que national, plus sentimental que scientifique, que la France est *géométriquement* monarchique, nous avons essayé, nous, par la logique et par l'expérience, par l'histoire et par les faits, de réfuter cette opinion chevaleresque et instinctive et nous croyons avoir prouvé par l'évolution historique, économique et politique de la démocratie française que la France est avant tout, et surtout par son génie autant que par ses tendances, par ses traditions autant que par ses aspirations, organiquement et mentalement *républicaine*, puisque, en effet, ce sont toujours des tendances et des aspirations républicaines que les pouvoirs officiels et constitués, que les institutions dynastiques, que les castes civiles ou religieuses ont eu à combattre et à réprimer dans toutes les périodes de son histoire.

Dans cette œuvre alors, que nous voulions aussi brève que rapide et que nous avons tâché de rendre aussi lumineuse dans ses synthèses que précise dans ses analyses, nous avons surtout voulu, d'un côté, redresser et dégager de l'organisme et du fonctionnement des institutions démocratiques l'esprit et les formules des doctrines sociales de l'humanité, la *loi de l'avenir*, si nous osons dire, résolûment et contradictoirement affirmée dans et par la république et la révolution ; et de l'autre, face à face, la *loi du passé*, dégagée aussi de l'organisme et du fonctionnement dynastiques, résumée elle-même dans l'esprit et les formules des doctrines *providentielles* de l'humanité, affirmées dans et par la théocratie et l'Église.

Et c'est aussi, hâtons-nous de le dire en terminant, parce que nous nous sommes cru libre enfin et délivré à jamais, grâce à la révolution française, de toute orthodoxie et dès lors de toute inquisition religieuse ou politique, ostensible, sinon latente du moins sur la pensée et la parole, et socialement affranchi de tout système d'infaillibilité et d'orthodoxie gouvernementales ou extra-gouvernementales, que nous avons ainsi parlé ou écrit sous l'inspiration des fécondes doctrines de la révolution.

Elle nous mit tous, ne l'oublions jamais, individu et société, il y a un siècle à peine, en possession de nous-mêmes en nous arrachant aux mains des castes et des dynasties providentielles et en nous révélant *la pensée* dont nous devons aujourd'hui chercher le développement et l'application dans et par la République, c'est-à-dire : « *l'organisation rationnelle et expérimentale dans les sphères individuelles et sociales des forces et de l'intelligence nationales, en assurant effectivement et exclusivement à chacune d'elles la souveraineté et la puissance politiques, oscillant elles-mêmes alternativement par la décentralisation (1), pendant la paix, et la centrali-*

(1) On trouvera dans le corps de l'ouvrage la démonstration de ce que je ne puis qu'affirmer ici,

sation, pendant la guerre, de l'individu et des municipalités à la nation et à l'Assemblée nationale. »

Voilà, pouvons-nous dire, en serrant ici un peu nos voiles, l'œuvre que la France doit constituer et l'expérience que nous avons à accomplir par la République, pour prouver au monde enfin que la réalisation et la mise en pratique des fins et des aspirations du progrès que l'humanité poursuit depuis l'origine de la civilisation, c'est-à-dire : « *la jouissance assurée et garantie à chacun et à tous d'un ordre social et politique, où la somme d'ordre, de vérité et de justice, se renouvelle et s'augmente incessamment elle-même au sein de l'espèce, à travers même l'œuvre incessante de destruction et de reproduction de l'individu.* Nous avons voulu prouver surtout que ces fins morales et

savoir : que la centralisation est inhérente aux monarchies, dont l'état générique et physiologique est l'état de guerre, tandis que la décentralisation est inhérente aux Républiques, dont l'état générique et physiologique est l'état de paix.

économiques peuvent, dans la République non-seulement comme dans la monarchie, être occasionnellement et partiellement *atteintes*, mais immuablement et universellement *organisées* suivant même les lois physiologiques des êtres.

Or, par le fonctionnement et l'organisme social lui-même créé par la Révolution, la somme d'ordre, de vérités et de justice, ainsi que les voies et moyens pour accroître la puissance et la fortune intellectuelles ou physiques de chacun et de tous, assurés à l'origine de la civilisation exclusivement à une *fraction* quelconque de la société par privilége ou par hérédité, s'étendent successivement par la libre pratique du travail et du suffrage universel à la collectivité tout entière, et affermissent ainsi de plus en plus chacun dans le respect mutuel de ses droits et de ses devoirs par le continuel exercice que chaque citoyen en fait en chacun des états génériques et en quelque sorte physiologiques dans lesquels se trouve naturellement une nation à travers les diverses phases de son existence, c'est-à-dire, soit pendant la paix, soit pendant la guerre.

Or encore, suivant le concept révolutionnaire, la nation tout entière doit *coopérer* alternativement par son intelligence et par ses bras à l'une et à l'autre œuvre, poursuivies soit à l'*atelier* (1) pendant la paix, soit au *camp* (2) pendant la guerre.

Car, de même que, pendant la paix, chacun travaillant pour soi, travaille pour les autres et pour tous ; de même, pendant la guerre, chacun mourant pour soi meurt pour les autres et pour tous.

Telle est la loi de l'*Individualisme répu-*

---

(1) *Atelier* et *Camp* sont ici employés dans le sens le plus général, et si je devais encore préciser ma pensée, je ne saurais mieux faire que rappeler ces quelques lignes de V. Cousin : « La Révolution a fait de la France un immense *atelier* où chacun travaille selon ses forces et selon ses besoins, n'ayant aucun joug sur sa tête et mettant sa fierté à ne rien devoir qu'à soi-même. »

V. Cousin, *Discours politiques*, Introduction, p. xviii.
(2) *Ibid.*

blicain (1) basée sur la réciprocité et l'équivalence de services sociaux.

Par elle, les principes salutaires de *Liberté*, d'*Egalité* et de *Fraternité* se trouvent ainsi tour à tour affermis et consacrés au sein des peuples, soit pendant la paix, soit pendant la guerre, par le culte de la patrie préparé et entretenu lui-même par le dé-

(1) C'est dans cette obligation virtuelle imposée à chacun, de se suffire à soi-même, et si on ne se suffit pas, de se créer soi-même par son propre travail les moyens et les ressources nécessaires pour se procurer par un échange de valeurs équivalentes que l'on s'est créées et dont on peut avoir besoin, c'est, dis-je, dans cette obligation subjective, en quelque sorte, salutaire et féconde que git surtout la supériorité et l'excellence du principe et de la loi de l'*individualisme républicain* sur le principe et la loi de la *charité chrétienne*.

Avec cette loi qui, toutefois, présuppose dans la société la liberté assurée et garantie à chacun, de pouvoir déployer toutes ses facultés intellectuelles et physiques, plus de paupérisme, plus de misères, plus d'aumône et surtout plus de spoliations, sous le nom de charité; car à tout individu, quel qu'il soit, qui viendra mendier pour soi ou pour autrui, on pourra alors hardiment et résolûment répondre : Vous deviez

vouement (coopération) à la chose pu-
blique.

Ce culte, à l'encontre du fétichisme du
droit divin, a sa source la plus féconde, au
sein de la République, dans le développement infini des forces et de l'intelligence
individuelles et sociales : la théocratie les
étouffe ou les comprime par le dogme et

travailler, car la société vous en garantit à la fois le
pouvoir et le droit ; vous deviez *épargner*, car l'impôt
républicain ne vous prend que juste ce que coûtent à
la société la garantie de vos droits et la sécurité de
votre personne.

Aussi, on ne saurait trop le répéter, les entraves ap-
portées à la liberté du travail et dès lors à la liberté
de réunion, d'association et de la presse, en un mot à
la liberté individuelle, ne sont que de *pieuses fraudes*
ou de *captieux mensonges* dont se couvre le despotisme
religieux ou politique, pour, en *empêchant* l'homme de
s'enrichir ou de s'instruire, et dirons-nous alors de
se former un CAPITAL de *sciences* ou de *richesses*, trouver
ainsi à perpétuité dans sa pauvreté ou son ignorance
les moyens et les instruments d'une domination que
ces despotismes ne veulent pas abdiquer.

Que les peuples ne l'oublient donc plus ; ils ne seront
libres que lorsqu'ils seront *forts*, et ils ne seront *forts*
que lorsqu'ils auront en main la richesse ou la science.

l'orthodoxie; ses manifestations les plus puissantes, même dans les organes radicaux et rudimentaires de toute société; la famille et la propriété : la théocratie les annihile par le célibat ou l'oisiveté; et ses moyens d'action et de propagande les plus irrésistibles dans le travail et l'éducation : la théocratie les dégrade ou les fausse par l'aumône et la prière.

Or, ainsi que l'ont dit, il y a quelque vingt ans, je crois, deux voix (1) aussi amantes de la patrie que de la liberté : « *Dans une nation libre, où il n'y a de Dieu qu'au ciel, et où l'Etat n'est la Providence de personne,* » *succomber en prouvant qu'on a raison est encore un beau partage; et il y a certes bien des siècles que la constitution des sociétés le refuse à l'honnête homme.... mais les anathèmes prononcés du haut des trônes et du sein des congrès, conciles étranges de l'idolatrie politique, ne peuvent anéantir ni décourager la résistance.*

(1) M. V. Cousin et M. de Rémusat, aujourd'hui ministre des affaires étrangères.

Les clameurs du soldat, les dédains du courti-
san, les malédictions du prêtre ne prévaudront
pas contre cette voix de la raison, que Mon-
tesquieu disait *faible, mais toute-puissante :*
encore un peu de temps, et elle triomphera....
Sursum corda !

L.-P. MASSIP.

De J.-C. 1872, et de la Révol. franç. 83.

www.ingramcontent.com/pod-product-compliance
Ingram Content Group UK Ltd.
Pitfield, Milton Keynes, MK11 3LW, UK
UKHW021717130726
13696UKWH00004B/1882